Gesunde Chips
& leckere Dips

Inhatt

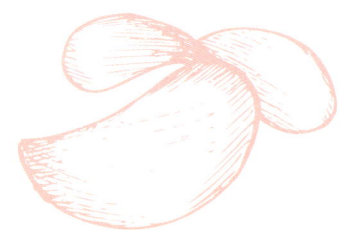

Einleitung

Knabberspaß total

Ein kuscheliger Fernsehabend allein oder zu zweit, ein gemütlicher DVD-Abend mit Freunden oder eine fröhliche Party – ohne ein paar Schälchen mit Knabbereien macht das alles nur halb so viel Spaß. Aber leider hat Pikantes wie Chips, Flips und Salzbrezeln oder Süßes wie Gummibärchen, Schokoladiges und Konsorten eines gemeinsam: Es ist in der Regel alles andere als gesund. Übermäßige Mengen an Fett und Salz oder aber viel zu viel Zucker und nicht selten künstliche Geschmacksverstärker sorgen außerdem für den tückischen Suchtfaktor: Einmal aufgerissen, muss die ganze Tüte schnellstens bis zum letzten Krümelchen geleert werden! Das Einzige, was zurückbleibt, ist ein unangenehmes Völlegefühl, auf Dauer ein paar Pfunde mehr und ein schlechtes Gewissen.

Doch jetzt kommen die Guten ins Spiel, denn süße und pikante Knabbereien in allen Varianten lassen sich ebenso lecker selber machen. Aus natürlichen frischen Zutaten wie Gemüse, Obst, Nüssen, Samen und Getreide entstehen knusprige Chips, krachige Cracker, aromatische Rohkostkekse, würzige Knabbernüsschen oder gummibärchenartige Fruchtleder mit natürlichem Geschmack. Ein Teil dieser Leckereien wird nach den Rohkostprinzipien besonders schonend getrocknet, sodass die guten Inhaltsstoffe optimal erhalten bleiben, andere werden schön knusprig gebacken oder geröstet. Sie alle sind arm an ungesunden Zutaten wie schlechten Fetten, zu viel Salz oder Zucker. Künstliche Zusatzstoffe kommen selbstverständlich erst gar nicht in die Tüte. Leckere selbstgemachte

Dips, die zu vielen Knabbereien passen, setzen dann noch würzige und ebenso gesunde Akzente.

Keine Frage: Solche kleinen Naschereien für nebenbei machen gleich zweimal Spaß – beim Zubereiten und beim Wegknabbern.

Im Schongang: getrocknete Knabbereien

Als Konservierungsmethode ist das Trocknen oder Dörren schon sehr lange bekannt. Diese einfache Methode sorgt aber nicht nur dafür, dass Lebensmittel wesentlich länger haltbar sind. Das Prinzip des Wasserentzugs bewirkt auch, dass sie viel intensiver und aromatischer schmecken, es macht sie fester im Biss und schön kross. Ein weiterer großer Vorteil: Trocknen schont viele wertvolle Inhaltsstoffe, die bei den höheren Temperaturen, wie sie beim Backen und Kochen üblich sind, zum Teil zerstört werden. In getrockneten Früchten und Gemüsen sind dagegen noch fast alle Vitamine, Mineralstoffe, Spurenelemente und Enzyme wie im frischen Produkt vorhanden. Gesünder geht's kaum.

TROCKNEN: VIELSEITIGER ALS GEDACHT

Wer bisher nur Trockenpflaumen und Apfelringe kannte, wird von der Vielseitigkeit der Methode überrascht: Krosse Chips, fruchtgummiähnliche Fruchtleder und sogar gebäckartige Kekse und Cracker sind möglich. Für Kekse und Cracker wird ein Teig aus Nüssen, Samen, Gemüse und Obst bereitet, der dann dünn auf ein Blech ausgestrichen (für Cracker) oder in Form gebracht (für Kekse) über mehrere Stunden getrocknet wird. Damit der Teig die richtige Konsistenz erhält, aber auch, um ungesunde oder störende Stoffe abzubauen, müssen einzelne Zutaten vorher eine Zeitlang eingeweicht werden. Getreide und Hülsenfrüchte sind wegen solcher Stoffe auch nicht roh verwendbar, sondern nur gekeimt.

WIE GEHT TROCKNEN?

Ab einer Temperatur von 40 °C spricht man von Trocknen oder Dörren. Dabei ist nicht die Temperatureinstellung des Ofens oder Dörrgeräts gemeint, sondern die Temperatur, die im Inneren des Lebensmittels erreicht wird. Eine Einstellung, bei der die Temperatur im Lebensmittel nicht über 47 °C steigt, wird als ideal angesehen: Die Feuchtigkeit entweicht schnell, Verderbnis erregende Prozesse werden gestoppt, Keime getötet und gleichzeitig wertvolle Inhaltsstoffe geschont. Bei einer anfänglichen Einstellung des Dörrapparats von 60 °C wird diese Innentemperatur nicht überschritten. Nach einer halben Stunde sollte die Wärme auf 40–47 °C reduziert werden, sonst steigt die Innentemperatur zu stark, worunter Vitamine und andere Inhaltsstoffe leiden.

TROCKNEN IM OFEN

Die einfachste Methode ist das Trocknen an der Luft, was allerdings Klimabedingungen voraussetzt, die in unseren Breitengraden selten herrschen: Die Außentemperaturen müssen über einen längeren Zeitraum konstant hoch sein und die Luftfeuchtigkeit gering. Nachteil ist außerdem eine ungleichmäßige Trocknung und es besteht die Gefahr der Gärung, bevor alles überhaupt durchgetrocknet ist.

Besser, man verlässt sich für den Anfang auf einen ganz normalen Backofen. Man verteilt das Trockengut auf einem Rost, wählt eine Temperatureinstellung von 50 °C bis 65 °C, idealerweise Umluft, und lässt besonders bei sehr feuchtem Dörrgut die Backofentür einen Spaltbreit geöffnet (Kochlöffelstiel dazwischenklemmen reicht aus). Der Trockenvorgang

benötigt mehrere Stunden. Bei dieser niedrigen Temperatureinstellung wird nur eine geringe Strommenge benötigt.

TROCKNEN IM DÖRRGERÄT

Wer Spaß am Dörren gewinnt und mehr vorhat, für den lohnt die Anschaffung eines Dörrgeräts, das präzise Temperatureinstellungen zulässt und auf bis zu zehn Einschubrosten viel Platz für Dörrgut bietet.

Die Bedienung ist einfach: Dörrgut auf den Rosten verteilen, ohne dass sich die Stücke überlappen, dann die Roste einschieben und Temperatur und Trockenzeit einstellen. Die Hersteller empfehlen, die Roste bei längeren Trockenvorgängen mehrmals umzuschichten, damit das gesamte Dörrgut gleichmäßigen Temperaturen ausgesetzt ist. Das Gerät schaltet sich nach der eingestellten Zeit ab.

Für viele Geräte gibt es auch spezielle Silikonmatten, die ideal für Fruchtleder oder anderes Dörrgut sind, das zu klebrig oder nicht fest genug ist, um direkt auf den Rost gelegt zu werden.

GETROCKNETE LEBENSMITTEL AUFBEWAHREN

Alle getrockneten Lebensmittel halten sich am besten, wenn sie auch trocken und luftdicht aufbewahrt werden, beispielsweise in einer Metall- oder Plastikdose oder einer gut verschlossenen Tüte. Wenn Chips, Kekse oder Cracker weich geworden sind, dann deshalb, weil sie Feuchtigkeit aufgenommen haben. Durch kurzes Trocknen im Backofen oder dem Dörrgerät werden sie wieder knusprig.

Fruchtleder

Fruchtleder wird aus püriertem Obst hergestellt, das nur auf ein Blech dünn aufgestrichen und getrocknet wird. Was nach dem Wasserentzug zurückbleibt, ist eine feste, aber dennoch zarte Masse mit einem Feuerwerk an reinem, natürlichem Fruchtaroma, das künstliche Aromen von gekauften Gummibärchen, Weingummis und Co. um Längen schlägt. Fruchtleder ist sehr lange haltbar. In Streifen oder andere Formen geschnitten kann man es direkt verzehren, aber auch wie Crêpes mit süßen Füllungen bestreichen und einrollen, wie Eistüten mit Eis füllen, gefüllte Fruchtpralinen herstellen und vieles mehr. Das zähe, aber biegsame Leder ist bestens geeignet für Basteleien: Fruchtkörbchen oder -schälchen bieten sich für fruchtig-süße, aber auch für pikante Inhalte an. Riesenspaß für Kinder: Armbänder, Ketten, Ringe und anderer Schmuck zum Aufessen!

Was eignet sich wofür?

Lebensmittel	Geeignet für	Reich an
Kernobst (Äpfel, Birnen)	• Obstchips • Fruchtleder • Rohkostkekse • Knabbergebäck	Vitamin C, Kalium, Ballaststoffen, leicht verdaulichen Kohlenhydraten
Quitten (nicht zur rohen Zubereitung geeignet)	• Fruchtleder (aus gekochten Früchten)	Vitamin C, Kalium, Zink, Ballaststoffen
Rhabarber (nicht zur rohen Zubereitung geeignet)	• Fruchtleder (aus gekochten Früchten)	Kalium, Magnesium, Eisen, Vitamin K, Ballaststoffen; schädliche Oxalsäure wird durch Kochen reduziert
Steinobst (Pfirsiche, Nektarinen, Aprikosen, Pflaumen, Mangos)	• Obstchips • Fruchtleder • Rohkostkekse (mit getrockneten Früchten)	Kalium, Kalzium, Betacarotin, Antioxidantien, Niacin
Kirschen	• Fruchtleder • Rohkostkekse (mit getrockneten Früchten)	Folsäure, Vitamin C, sekundären Pflanzenstoffen, Eisen, Kalium, Kalzium
Ananas	• Obstchips • Fruchtleder • Rohkostkekse (mit getrockneten Früchten)	B-Vitaminen, Kalzium, Kalium, Magnesium, Eisen, Zink, Jod

LEBENSMITTEL	GEEIGNET FÜR	REICH AN
Honigmelonen	• Obstchips • Fruchtleder	Betacarotin, Vitamin C, kalorienarm
Beeren (Erdbeeren, Himbeeren, Heidelbeeren, Brombeeren, Johannisbeeren, Trauben)	• Fruchtleder • Rohkostkekse (mit getrockneten Früchten)	Vitamin C, sekundären Pflanzenstoffen, Antioxidantien, Eisen
Zitrusfrüchte	• Fruchtleder • Rohkostkekse (mit getrockneten Früchten)	Vitamin C, Antioxidantien
Bananen, Kochbananen	• Gemüsechips • Knabbergebäck	Kalium, Magnesium, B-Vitaminen
Getrocknete Datteln, getrocknete Feigen	• Fruchtleder • Rohkostcracker • Rohkostkekse	Eiweiß, Fruchtzucker, Magnesium, Phosphor, Kalzium, Ballaststoffen
Kartoffeln (nicht zur rohen Zubereitung geeignet)	• gebackene Gemüsechips • Knabbergebäck	Vitamin C, Ballaststoffen, Kalium; schädliches Solanin wird durch Kochen zerstört
Wurzelgemüse (Möhren, Pastinaken, Petersilienwurzel, Knollensellerie, Rote Bete, Topinambur, Süßkartoffeln, Kohlrabi, Steckrüben)	• Gemüsechips • Rohkostcracker • Rohkostkekse • Knabbergebäck	Betacarotin, Ballaststoffen, Eisen
Kohlgemüse (Wirsing, Grünkohl, Weißkohl, Rotkohl)	• Gemüsechips • Rohkostcracker, Rohkostkekse	Ballaststoffen, Vitamin C, Betacarotin, Eisen, Kalzium, Magnesium

LEBENSMITTEL	GEEIGNET FÜR	REICH AN
Sauerkraut	• Rohkostcracker	Vitamin C, Ballaststoffen
Zwiebeln	• Gemüsechips • Rohkostcracker	Vitamin C, Ballaststoffen, Schwefelstoffen
Salat	nicht geeignet	Kalium, Vitamin C, kalorienarm
Tomaten, Paprika	• Rohkostcracker (mit getrockneten Früchten) • Rohkostkekse (mit getrockneten Früchten) • Knabbergebäck	Betacarotin, Vitamin C
Auberginen	• gebackene Gemüsechips • Knabbergebäck	Kalium; schädliches Solanin wird durch Kochen zerstört
Kürbis, Zucchini	• Gemüsechips • Rohkostcracker • Rohkostkekse • Knabbergebäck	Vitamin C, Betacarotin
Getreide (Weizen, Dinkel, Roggen, Gerste, Hafer, Reis)	• Rohkostcracker (nur mit gekeimtem Getreide) • Rohkostkekse (nur mit gekeimtem Getreide) • Knabbergebäck	B-Vitaminen, Ballaststoffen, Eiweiß

LEBENSMITTEL	GEEIGNET FÜR	REICH AN
Haferflocken	• Rohkostcracker • Rohkostkekse • Knabbergebäck	B-Vitaminen, Ballaststoffen, Eiweiß, Kalium, Eisen, Zink
Getreideähnliche (Buchweizen, Hirse, Amaranth, Quinoa)	• Rohkostcracker (nur mit gekeimtem Pseudogetreide) • Rohkostkekse (nur mit gekeimtem Pseudogetreide) • Knabbergebäck	B-Vitaminen, Ballaststoffen, Eisen, Kalium, Kalzium, Zink, ungesättigten Fettsäuren
Hülsenfrüchte (Erbsen, Bohnen, Linsen, Kichererbsen)	• Rohkostcracker (nur mit gekeimten Hülsenfrüchten) • Rohkostkekse (nur mit gekeimten Hülsenfrüchten) • Knabbernüsschen	Eiweiß, Ballaststoffen, Eisen, Zink, Kalzium
Nüsse (Haselnüsse, Walnüsse, Cashewkerne, Paranüsse, Pekannüsse, Erdnüsse, Macadamianüsse, Mandeln, Pistazien, Kastanien)	• Rohkostcracker • Rohkostkekse • Knabbernüsschen • Knabbergebäck	ungesättigten Fettsäuren, Ballaststoffen, Magnesium, Vitamin E
Samen (Sonnenblumenkerne, Kürbiskerne, Sesam)	• Rohkostcracker • Rohkostkekse • Knabbernüsschen • Knabbergebäck	ungesättigten Fettsäuren, Ballaststoffen, Eiweiß

WIE MACHT MAN FRUCHTLEDER?

Zuerst werden die vorbereiteten, meist rohen Früchte fein püriert, bei Bedarf können kleine Kernchen durch das Passieren durch ein Sieb entfernt werden. Nicht sehr süßen Früchten wie säuerlichen Äpfeln, Stachel- oder Johannisbeeren, Kiwis etc. kann je nach Wunsch noch etwas Zucker zugegeben werden. Und bei besonders weichem Obst erhält man eine cremigere Konsistenz, wenn man entweder etwas Banane oder Nussmuse mitpüriert. Wer möchte, kann noch

mit einem Schuss Alkohol wie Rotwein oder Portwein verfeinern.

Das fertige Püree streicht man auf ein mit Backpapier belegtes Blech oder auf Silikonmatten. Andernfalls lässt sich das Fruchtleder schlecht ablösen. Mit verschiedenfarbigen Pürees darf der Fantasie freier Lauf gelassen werden: Tupfen, Streifen oder andere Muster, mit einer Dekorierflasche aufgetragen, erzielen farbenfrohe Effekte. Nach dem mehrstündigen Trockenvorgang im Ofen oder dem Dörrgerät ist das Leder fertig zum Genuss. Die Oberfläche fühlt sich dann glatt und weich an und knittert beim Darüberstreichen nicht mehr.

Die Lederplatten nun in die gewünschten Formen schneiden oder ausstechen. Gebastelte Körbchen und andere Formen bleiben durch einen nochmaligen Trockenvorgang in Form.

Tipps und Tricks für Dips

Zu knusprigen Chips und Gebäck setzen die passenden Dips cremige Kontraste. Am besten, man bietet zum vollendeten Knabberglück gleich mehrere unterschiedliche Geschmacksrichtungen an. Die meisten Dips sind schnell gemacht, weil man nicht viel mehr tun muss, als ein paar Zutaten zusammenzurühren. Ein paar Grundzubereitungen können die Basis für eine Vielzahl an verschiedenen Dips sein. Kennt man sie, ist es nicht schwer, sich an eigenen Kreationen zu versuchen.

DIPS MIT OBST, GEMÜSE UND KARTOFFELN ALS BASIS

Püriertes Gemüse oder Kartoffeln bilden eine schön cremige Grundlage für Dips, die je nach Sorte schon sehr aromatisch sind. Die meisten Gemüse müssen zum Pürieren gekocht werden, damit sie die nötige Konsistenz haben. Bei Kartoffeln lieber den Stampfer oder die Kartoffelpresse und nicht den Pürierstab zu Hilfe nehmen, sonst wird die Masse zäh wie Kaugummi. Die meisten Obstsorten verwendet man roh püriert, wenn sie weich genug sind. Harte Sorten dünstet man einige Minuten in wenig Wasser weich.

Avocados sind aufgrund ihrer Konsistenz und ihres geringen Eigengeschmacks eine tolle Basis für Dips, wie die klassische Guacamole beweist. Selbst für süße Zubereitungen mit Schokolade sind sie ideal.

DIPS MIT GETREIDE UND HÜLSENFRÜCHTEN ALS BASIS

Das geschrotete und kurz gekochte sowie gequollene Getreide ist in der Regel recht neutral im Geschmack und damit sehr vielseitig. Grünkern bringt das deftigste Aroma mit und braucht daher auch kräftige Würze. Gekochte Hülsenfrüchte wie Erbsen, Kichererbsen, Linsen und Bohnen werden gestampft oder püriert schon so wunderbar cremig, dass sie nur mit wenigen Gewürzen leckere Dips ergeben.

DIPS MIT MILCHPRODUKTEN ALS BASIS

Frischkäse, Joghurt, Quark, Hüttenkäse, Schmand oder saure Sahne werden mit Milch cremig verrührt. Eine Mischung dieser Zutaten geht natürlich auch. Festere Zutaten wie Schafs- oder Ziegenkäse, Camembert etc. zerdrückt man mit einer Gabel. Dann mit Salz, Pfeffer und etwas Zitronensaft mischen, schon fertig. Diese Basis kann schon als milder Dip auf den Tisch kommen oder mit allem, was die Fantasie erlaubt, gemischt werden.

DIPS MIT EIERN UND MAYONNAISE ALS BASIS

Hart gekochte und mit der Gabel zerdrückte Eier sind als Grundlage ebenfalls geeignet. Lecker zum Beispiel mit Senf, mit Kapern oder leicht scharf gewürzt. Natürlich ist auch die mit Ei zubereitete Mayonnaise eine gute Basis. Wenn man die kalorienreiche Zutat 1:1 mit Joghurt verrührt, wird sie gleich viel leichter.

GEWÜRZKOMBIS

Wenn Sie selber experimentieren möchten, erhalten Sie rechts ein paar Tipps für verschiedene Geschmacksrichtungen. Aber verwenden Sie nicht alle aufgezählten Gewürze auf einmal, das wäre zu viel des Guten. Salz sollte bei pikanten Dips immer dabei sein, Pfeffer meist ebenfalls.

Getrocknete Kräuter entfalten mehr Aroma, wenn sie zwischen den Fingern fein zerrieben werden. Sparen Sie nicht mit Kräutern und Gewürzen, denn die Dip-Basis saugt die Aromen regelrecht auf!

DIPS AUFBEWAHREN

Viele Dips schmecken frisch am besten. Besonders, wenn frische Kräuter verwendet wurden, isst man sie am besten noch am selben Tag auf. Dips mit vielen Gewürzen können aber harmonischer schmecken, wenn man sie über Nacht im Kühlschrank durchziehen lässt. Ein paar Tage halten sich alle Dips im Kühlschrank ganz gut. Es kann passieren, dass sich Flüssigkeit auf dem Dip absetzt, das macht aber nichts. Einfach unterrühren, dann genießen.

klassisch	Meerrettich, Kümmel, Paprikapulver, Senf, fein gewürfelte Zwiebeln, Knoblauch, Schnittlauch, Petersilie, Dill, Kerbel, Estragon, Minze
mediterran	Thymian, Rosmarin, Basilikum, Majoran, getrocknete Tomaten, fein gehackte Oliven, Knoblauch
asiatisch	Zitronengras, Limette/Zitrone, Sojasauce, Ingwer, Galgant, Kardamom, Kurkuma, Koriandergrün, Knoblauch
orientalisch	Kreuzkümmel, Koriander, Koriandergrün, Ras el Hanout, Piment, Harissa, Kardamom, Fenchelsamen, Minze
indisch	Curry, Garam masala sowie orientalische Gewürze
kreolisch	fein gewürfelte Zwiebeln, Chili, Piment, Kokosmilch, Zimt, gemahlene Nelken
südamerikanisch	Chili, Koriander, Pfeffer, Vanille

Apfel-Birnen-

CHIPS

Für 4 Portionen

250 g Äpfel
250 g feste Birnen

Zubereitungszeit ca.
15 Minuten (plus Trockenzeit)
Pro Portion ca. 71 kcal/296 kJ
0,5 g E, 0 g F, 16,7 g KH

1. Die Äpfel und Birnen schälen und mit einem Apfelausstecher oder einem spitzen Messer die Kerngehäuse entfernen. Mit einem Messer oder dem Gemüsehobel in dünne Scheiben schneiden (3–5 mm).

2. Fruchtscheiben auf den Rosten des Dörrgeräts verteilen oder auf ein mit Backpapier belegtes Blech legen. Im Dörrgerät in den ersten 30 Minuten bei 60 °C, dann bei 42 °C oder im Backofen bei leicht geöffneter Tür zunächst bei 65 °C Umluft, dann bei 50 °C 3–8 Stunden trocknen, bis die Chips die gewünschte Konsistenz haben. Sie sind aber noch weich und werden erst nach dem Abkühlen knusprig. Trocken und luftdicht aufbewahren.

VARIATIONEN: Wer es schokoladig mag, bestreut die Chips nach dem Trocknen mit ca. 50 g fein gehackter Schokolade und lässt diese bei 80 °C im Ofen schmelzen. Und wer es lieber süßer hat, wendet die Obstscheiben vor dem Trocknen in einer Mischung aus 1 El Agavendicksaft und etwas Zitronensaft.

TIPP: Damit die Chips knusprig bleiben, luftdicht verschlossen in einer Plastiktüte oder einer Dose aufbewahren. Weich gewordene Chips werden nach einigen Minuten im Ofen wieder knackig.

Ananas-Bananen-
CHIPS

1. Ananas schälen, grob würfeln und zusammen mit Leinsamen und abgeriebener Orangenschale im Mixer gut zerkleinern und vermischen. Dann 30 Minuten ruhen lassen. Anschließend die Banane(n) schälen und zusammen mit dem Zitronensaft und dem Zucker zu der übrigen Masse in den Mixer geben. Wieder gründlich pürieren.

2. Die Masse dünn auf Backpapier oder Silikonmatten ausstreichen. Auf den Einschüben im Dörrgerät oder auf Blechen verteilen.

3. Im Dörrgerät in den ersten 30 Minuten bei 60 °C, dann bei 42 °C oder im Backofen bei leicht geöffneter Tür bei zunächst 65 °C Umluft, dann bei 50 °C insgesamt etwa 12 Stunden trocknen. Wenn der Teig nach einigen Stunden schon etwas fest ist, die Platten in Stücke schneiden oder brechen, das Backpapier oder die Silikonmatten entfernen, die Stücke wenden und fertig trocknen, bis sie knusprig sind.

4. Trocken und luftdicht aufbewahren.

Für 4 Portionen

400 g frische Ananas

100 g Leinsamen

abgeriebene Schale von
2 unbehandelten Orangen

2 kleine oder 1 große Banane
(ca. 200 g)

Saft von 1 Zitrone

1/2 El brauner Zucker

Zubereitungszeit ca.
10 Minuten (plus Ruhezeit und
Trockzeit)

Pro Portion ca. 219 kcal/
918 kJ

6,6 g E, 9,3 g F, 26,1 g KH

Kartoffelchips
MIT EINEM HAUCH VON ORIENT

Für 4 Portionen

500 g Kartoffeln
2 Knoblauchzehen
4 El Olivenöl
1/2 Tl Cayennepfeffer
2 Msp. gemahlener Kreuzkümmel
1/2 Tl Kurkumapulver
Salz

Zubereitungszeit ca. 30 Minuten (plus Backzeit)
Pro Portion ca. 226 kcal/948 kJ
2,5 g E, 15 g F, 20 g KH

1. Die Kartoffeln schälen, waschen und in sehr dünne Scheiben scheiden oder auf dem Gemüsehobel fein hobeln. Den Knoblauch schälen und durch die Presse drücken.

2. Knoblauch mit Öl, Cayennepfeffer, Kreuzkümmel, Kurkuma und Salz in einer Schale verrühren. Kartoffelscheiben damit gründlich vermischen. Anfangs in einem Sieb, dann auf Küchenpapier gut abtropfen lassen.

3. Den Backofen auf 225 °C Ober-/Unterhitze (Umluft 215 °C) vorheizen. Die Kartoffelscheiben auf zwei mit Backpapier belegten Blechen verteilen. Dabei darauf achten, dass sie etwas Abstand zueinander haben und sich nicht überlappen. Im Backofen 10–12 Minuten backen, dabei nach ca. 6 Minuten wenden. Herausnehmen und auf Küchenpapier legen.

4. Trocken und luftdicht aufbewahren.

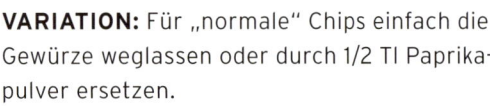 **VARIATION:** Für „normale" Chips einfach die Gewürze weglassen oder durch 1/2 Tl Paprikapulver ersetzen.

 **DIP-TIPP:** Knoblauch-Basilikum-Mayo, Räucherforellen-Meerrettich-Dip, Tomaten-Feta-Basilikum-Dip, Auberginendip, Chilisauce

Grünkohlchips
UNGARISCH

1. Die Grünkohlblätter von den harten mittleren Blattrippen lösen und in grobe Stücke reißen. Dann die Stücke gut waschen und gründlich abtropfen lassen. Mit einer Salatschleuder oder in einem Küchentuch trocken schleudern.

2. Den Backofen auf 130 °C Umluft vorheizen. Das Öl mit dem Salz und dem Paprikapulver in einer Schüssel vermischen und die Grünkohlstücke darin mit den Händen gründlich wenden und verkneten, bis sie von beiden Seiten benetzt sind.

3. Die Grünkohlstücke auf einem mit Backpapier belegten Blech verteilen. Dabei darauf achten, dass sie etwas Abstand zueinander haben und sich nicht überlappen. 30–40 Minuten trocknen, zwischendurch mehrmals die Backofentür öffnen, damit der Wasserdampf entweichen kann und die Chips schön knusprig werden. Trocken und luftdicht aufbewahren.

Für 4 Portionen

500 g Grünkohl
6 El Olivenöl
1 Tl Salz
1 Tl edelsüßes oder rosenscharfes Paprikapulver

Zubereitungszeit ca.
10 Minuten (plus Trockenzeit)
Pro Portion ca. 245 kcal/
1027 kJ
5,4 g E, 23,6 g F, 3,2 g KH

TIPP: Alternativ die Chips im Dörrgerät in den ersten 30 Minuten bei 60 °C, dann ca. 4 Stunden bei 42 °C trocknen.

VARIATIONEN: Die beliebten Grünkohlchips lassen sich auf viele verschiedene Arten ganz nach Wunsch würzen: Einfach gemahlene Nüsse wie Macadamia oder Cashewkerne, Erdnussbutter und Chili, Curry, Parmesan oder andere Lieblingszutaten ins Öl geben, die Chips darin wenden, trocknen und genießen.

Tortilla-
CHIPS

Für 4 Portionen

200 g Maismehl
150 g Weizenmehl plus etwas
zum Ausrollen
100 ml Olivenöl
1 1/2 Tl Salz
1 gehäufter Tl edelsüßes
Paprikapulver
1/2 Tl grob gemahlene
Chiliflocken

Zubereitungszeit ca.
30 Minuten (plus Backzeit)
Pro Portion ca. 545 kcal/
2154 kJ
8,1 g E, 26,8 g F, 60,3 g KH

1. Die beiden Mehlsorten mischen. Mit 1–2 El Öl, 500 ml Wasser und 1/2 Tl Salz mehrere Minuten gründlich zu einem homogenen Teig verkneten.

2. Dann den Teig in mehrere Portionen teilen und zu kleinen Fladen hauchdünn ausrollen. Am besten geht das mit einer Nudelmaschine, aber auch mit etwas Geduld und Kraft mit dem Nudelholz.

3. Die Fladen einzeln in wenig Öl in einer Pfanne von beiden Seiten goldgelb backen und im Ofen bei 100 °C Ober-/Unterhitze warm stellen. Dabei mit einem feuchten Tuch abdecken, damit sie weich bleiben.

4. Wenn alle Fladen gebacken sind, die Ofentemperatur auf 200 °C Ober-/Unterhitze (180 °C Umluft) erhöhen und die Fladen mit dem Messer in die typischen Dreiecke schneiden. Das restliche Öl mit dem restlichen Salz und den Gewürzen vermischen. Die Tortilla-ecken darin wenden und auf einem mit Backpapier belegten Back-blech verteilen. Etwa 10 Minuten goldbraun und knusprig backen. Trocken und luftdicht aufbewahren.

VARIATION: Wer die leicht körnige Konsistenz von Tortillachips schätzt, nimmt statt Maismehl den groberen Maisgrieß.

DIP-TIPP: Räucherforellen-Meerrettich-Dip, Auberginendip, Chilisauce

Wirsingchips
MIT ORANGENMEERRETTICH

Für 4 Portionen

200 g Cashewkerne
500 g Wirsing
3–4 El frisch geriebener Meerrettich
Saft von 2 Orangen
1 Tl Salz

Zubereitungszeit ca.
10 Minuten (plus Einweichzeit und Trockenzeit)
Pro Portion ca. 354 kcal/ 1480 kJ
14,6 g E, 24 g F, 19,5 g KH

1. Die Cashewkerne 2 Stunden einweichen.

2. Die Wirsingblätter von den harten mittleren Blattrippen lösen und in grobe Stücke reißen. Dann die Stücke gut waschen und gründlich abtropfen lassen. Mit einer Salatschleuder oder in einem Küchentuch trocken schleudern.

3. Den Wirsing in eine Schüssel geben. Cashewkerne, Meerrettich, Orangensaft und Salz im Mixer glatt mixen und zum Wirsing geben. Alles gründlich vermischen.

4. Den Backofen auf 130 °C Umluft vorheizen. Die Wirsingstücke auf zwei mit Backpapier belegten Blechen verteilen. Dabei darauf achten, dass sie etwas Abstand zueinander haben und sich nicht überlappen. 30–40 Minuten trocknen, zwischendurch mehrmals die Backofentür öffnen, damit der Wasserdampf entweichen kann und die Chips schön knusprig werden.

5. Trocken und luftdicht aufbewahren.

VARIATION: Auch mit Grünkohl lecker!

TIPP: Alternativ die Chips im Dörrgerät in den ersten 30 Minuten bei 60 °C, dann ca. 4 Stunden bei 42 °C trocknen.

Süßkartoffel- und Pastinaken-
CHIPS

1. Die Süßkartoffel und die Pastinake schälen, waschen und mit Küchenpapier trocken tupfen. Mit dem Messer oder dem Gemüsehobel in sehr dünne Scheiben schneiden.

2. Die Vanille in einem Schälchen mit dem Öl vermischen. Den Backofen auf 130 °C Umluft vorheizen.

3. Süßkartoffel- und Pastinakenscheiben mit einem Backpinsel von beiden Seiten mit dem Öl bestreichen und auf zwei mit Backpapier belegten Blechen verteilen. Dabei darauf achten, dass sie etwas Abstand zueinander haben und sich nicht überlappen. 30–40 Minuten trocknen, zwischendurch mehrmals die Backofentür öffnen, damit der Wasserdampf entweichen kann und die Chips schön knusprig werden.

4. Trocken und luftdicht aufbewahren.

Für 4 Portionen

1 Süßkartoffel (ca. 300 g)
1 große Pastinake (ca. 200 g)
1–2 Msp. gemahlene Vanille
4 El Erdnussöl

Zubereitungszeit ca.
20 Minuten (plus Trockenzeit)
Pro Portion ca. 245 kcal/
1029 kJ
1,9 g E, 15,7 g F, 24,1 g KH

DIP-TIPP: Orangensenf, Knoblauch-Basilikum-Mayo, Räucherforellen-Meerrettich-Dip, Tomaten-Feta-Basilikum-Dip, Camembertdip, Erdnussdip mit Frühlingszwiebeln

VARIATIONEN: Auch aus Roter Bete, Möhren und Knollensellerie können auf diese Weise knusprige Chips hergestellt werden.

Hafer-Dattel-Kekse
MIT BANANENGLASUR

Für 20–35 Stück

220 g getrocknete Datteln
ohne Stein
50 g Rosinen
140 g feine Haferflocken
1 Banane
1/2 TI gemahlene Vanille

Zubereitungszeit ca.
25 Minuten (plus Einweichzeit
und Trockenzeit)
Pro Stück ca. 56 kcal/236 kJ
1 g E, 0 g F, 11,8 g KH

1. Die Datteln und die Rosinen zusammen 2 Stunden einweichen, dann grob hacken. Im Mixer pürieren, ca. 40 g abnehmen und beiseitestellen. Die restliche Menge zusammen mit den Haferflocken nochmals fein pürieren.

2. Den Teig ca. 5 mm dick zwischen zwei Lagen Backpapier ausrollen, dann mit einem Ausstecher oder einem Glas Kekse in beliebiger Form ausstechen.

3. Für die Glasur die Banane schälen und mit der beiseitegestellten restlichen Rosinen-Dattel-Masse, der Vanille und nach und nach 100–200 ml Wasser im Mixer zu einer dicken Paste pürieren. Die Kekse mit einem Teil davon bepinseln.

4. Auf den Einschüben im Dörrgerät oder auf mit Backpapier belegten Blechen verteilen.

5. Im Dörrgerät in den ersten 30 Minuten bei 60 °C, dann bei 42 °C oder im Backofen bei leicht geöffneter Tür bei zunächst 65 °C Umluft, dann bei 50 °C 5–9 Stunden knusprig werden lassen. Wenn der Teig nach 3–4 Stunden schon etwas fest ist, die Kekse wenden und fertig trocknen. Trocken und luftdicht aufbewahren.

DIP-TIPP: Die übrige Glasur als Dip dazu servieren.

Apfel-Walnuss-Kekse
MIT FEIGEN-PFLAUMEN-FÜLLUNG

1. Die Datteln und die Walnüsse zusammen 2 Stunden einweichen. Die Äpfel vierteln und von den Kerngehäusen befreien. Etwa 150 g Trockenpflaumen mit Datteln, Walnüssen, Haferflocken, Äpfeln, Mandelmus und Agavensirup pürieren.

2. Den Teig mit einer Palette auf Backpapier verteilen. 1 Stunde bei 60 °C im Dörrgerät oder im Backofen bei leicht geöffneter Tür bei 65 °C, dann weitere 2 Stunden bei 47 °C im Dörrgerät bzw. 50 °C im Ofen trocknen. Anschließend den Teig mit einem Messer halbieren.

3. Die restlichen Trockenpflaumen zusammen mit den Feigen pürieren. Die Masse mit einer Palette auf einer der Teigplatten verstreichen, die andere Teigplatte daraufsetzen und festdrücken. Nochmals im Dörrgerät bei 47 °C oder im Backofen bei leicht geöffneter Tür bei 50 °C 4 Stunden trocknen, dann mit dem Messer in einzelne Kekse zerteilen.

4. Zum Schluss ohne Backpapier im Dörrgerät bei 47 °C oder im Backofen bei leicht geöffneter Tür bei 50 °C weitere 4–5 Stunden trocknen.

5. Trocken und luftdicht aufbewahren.

Für ca. 35 Stück

150 g getrocknete Datteln ohne Stein

75 g Walnusskerne

1 Apfel (ca. 140 g)

350 g Trockenpflaumen ohne Stein

250 g feine Haferflocken

2 TI Mandelmus

120 g Agavensirup

200 g getrocknete Feigen

Zubereitungszeit ca. 20 Minuten (plus Einweichzeit und Trockenzeit)
Pro Stück ca. 103 kcal/433 kJ
1,9 g E, 2,3 g F, 18,2 g KH

Walnuss-Lauch-Cracker
MIT APRIKOSEN

Für 30–50 Stück

1 kleine Lauchstange
(ca. 130 g)
100 g Walnusskerne
50 g Sesam
8 getrocknete Aprikosen
1 mittelgroße Zucchini
(ca. 200 g)
2 Tl Salz
50 g Senf- oder Alfalfa-
sprossen
3 Tl Flohsamen

Zubereitungszeit ca.
20 Minuten (plus Einweichzeit
und Trockenzeit)
Pro Stück ca. 33 kcal/139 kJ
1 g E, 2,4 g F, 1,7 g KH

1. Den Lauch gründlich putzen, waschen und in feine Ringe schneiden. Zusammen mit den Walnüssen und dem Sesam 6–8 Stunden einweichen. Die Aprikosen 1–2 Stunden einweichen. Die Zucchini waschen, putzen und grob würfeln.

2. Lauch, Walnüsse, Sesam, Aprikosen, Zucchini und Salz pürieren. Dann die Flohsamen unterrühren und den Teig ca. 5 mm dick zwischen zwei Lagen Backpapier ausrollen. Das obere Backpapier abziehen und mit einem Teigschaber oder der Rückseite einer Messerklinge Rillen in den Teig drücken, um die Cracker später gut auseinanderbrechen zu können.

3. Den Teig mit dem Backpapier auf den Rosten des Dörrgeräts verteilen oder auf ein Blech legen. Im Dörrgerät in den ersten 30 Minuten bei 60 °C, dann bei 42 °C oder im Backofen bei leicht geöffneter Tür bei zunächst 65 °C Umluft, dann bei 50 °C 7–9 Stunden trocknen.

4. Dann das Backpapier abziehen, die Crackermasse wenden und ohne Backpapier nochmals 6–12 Stunden trocknen lassen. Herausholen und die Stücke auseinanderbrechen. Trocken und luftdicht aufbewahren.

DIP-TIPP: Orangensenf, Knoblauch-Basilikum-Mayo, Räucherforellen-Meerrettich-Dip, Tomaten-Feta-Basilikum-Dip, Camembertdip

Sauerkrautcracker

1. Den Leinsamen fein mahlen. Das Sauerkraut und den Kümmel mit 350 ml Wasser pürieren, dann den Leinsamen zugeben.

2. Den Teig 1 Stunde ruhen lassen. Dann ca. 5 mm dick zwischen zwei Lagen Backpapier ausrollen. Das obere Backpapier abziehen und mit einer Palette oder der Rückseite einer Messerklinge Rillen in den Teig drücken, um die Cracker später gut auseinanderbrechen zu können.

3. Den Teig mit dem Backpapier auf den Rosten des Dörrgeräts verteilen (dazu Teig und Papier in die passende Größe schneiden) oder auf ein Blech legen. Im Dörrgerät in den ersten 30 Minuten bei 60 °C, dann bei 42 °C oder im Backofen bei leicht geöffneter Tür bei zunächst 65 °C Umluft, dann bei 50 °C 10–12 Stunden trocknen.

4. Dann das Backpapier abziehen, die Crackermasse wenden und ohne Backpapier nochmals 12–14 Stunden trocknen lassen.

5. Trocken und luftdicht aufbewahren.

Für 30–50 Stück

250 g Leinsamen
500 g rohes frisches Sauerkraut
2 TI gemahlener Kümmel

Zubereitungszeit ca. 20 Minuten (plus Ruhezeit und Trockenzeit)
Pro Stück ca. 30 kcal/125 kJ
1,6 g E, 2,3 g F, 0,6 g KH

DIP-TIPP: Orangensenf, Knoblauch-Basilikum-Mayo, Räucherforellen-Meerrettich-Dip, Tomaten-Feta-Basilikum-Dip, Chilisauce

VARIATIONEN: Diese einfachen Cracker lassen sich beliebig variieren. Statt Kümmel passen auch orientalische Gewürze wie Koriander und Kreuzkümmel. Sehr gut schmecken die Cracker auch, wenn Sie ein Drittel der Sauerkrautmenge durch geriebene Möhren oder den beim Entsaften übrig gebliebenen Möhrentrester ersetzen.

Dattel-Kokos-
KEKSE

Für 20–35 Stück

170 g getrocknete Datteln
ohne Stein
1/2 TI gemahlene Vanille
1 TI abgeriebene Schale von
1 unbehandelten Orange
280 g Kokosflocken

Zubereitungszeit ca.
20 Minuten (plus Einweichzeit
und Trockenzeit)
Pro Stück ca. 84 kcal/315 kJ
1 g E, 6,7 g F, 5 g KH

1. Die Datteln 2 Stunden einweichen, dann mit 190 ml Wasser, Vanille und abgeriebener Orangenschale pürieren und mit den Kokosflocken vermengen.

2. Mit angefeuchteten Händen daraus kleine Kugeln formen und flach drücken. Auf den Einschüben im Dörrgerät oder auf mit Backpapier belegten Blechen verteilen.

3. Im Dörrgerät in den ersten 30 Minuten bei 60 °C, dann bei 42 °C oder im Backofen bei leicht geöffneter Tür bei zunächst 65 °C Umluft, dann bei 50 °C 4–5 Stunden knusprig werden lassen. Wenn der Teig nach gut 3 Stunden schon etwas fest ist, die Kekse wenden und fertig trocknen.

4. Trocken und luftdicht aufbewahren.

VARIANTE: Auch lecker als Weihnachtsplätzchen mit weihnachtlichen Gewürzen wie Zimt und Kardamom.

Walnuss-Tomaten-Oliven-

CRACKER

1. Die Walnüsse 6–8 Stunden einweichen, dann im Mixer fein mahlen. Die Leinsamen untermixen. Die Tomaten hacken, die Oliven in Scheiben schneiden und wieder mixen, sodass noch feine Stückchen zu sehen sind. Die Gewürze zugeben und unterrühren, mit Salz und Pfeffer abschmecken.

2. Den Teig 3–4 mm dick zwischen zwei Lagen Backpapier ausrollen und in Quadrate schneiden. Mit dem Backpapier auf den Rosten des Dörrgeräts verteilen oder auf ein Blech legen. Im Dörrgerät bei 60 °C 1 Stunde oder im Backofen bei leicht geöffneter Tür bei 65 °C Umluft trocknen. Dann auf 47 °C (Dörrgerät) oder 50 °C (Ofen) reduzieren und ca. 4 Stunden trocknen. Das Backpapier abziehen, die Cracker wenden und nochmals 4 Stunden ohne Backpapier trocknen lassen.

3. Trocken und luftdicht aufbewahren.

 **DIP-TIPP:** Knoblauch-Basilikum-Mayo, Räucherforellen-Meerrettich-Dip, Tomaten-Feta-Basilikum-Dip, Camembertdip

Für 30–50 Stück

220 g Walnusskerne

50 g gemahlener Leinsamen

3–4 sonnengetrocknete Tomaten

30 g schwarze Oliven ohne Stein

1 Tl Oregano

1 Prise Thymian

Salz

frisch gemahlener schwarzer Pfeffer

Zubereitungszeit ca. 20 Minuten (plus Einweichzeit und Trockenzeit)
Pro Stück ca. 52 kcal/217 kJ
1,2 g E, 5,1 g F, 0,5 g KH

Möhren-Sesam-Cracker
INDISCH

1. Den Leinsamen 6 Stunden einweichen. Cashewkerne und Sonnenblumenkerne (ca. 2 El für die Deko zurückbehalten) 2 Stunden einweichen. Möhren und Zwiebeln schälen und grob würfeln.

2. Die Cashewkerne und Sonnenblumenkerne abgießen und zusammen mit dem eingeweichten Leinsamen pürieren. Dann Möhren, Zwiebeln, Gewürze und Salz hinzufügen und erneut pürieren.

3. Den Teig 3–4 mm dick zwischen zwei Lagen Backpapier ausrollen und in Quadrate schneiden. Den Teig mit dem unteren Backpapier auf den Rosten des Dörrgeräts verteilen (dazu Teig und Papier in die passende Größe schneiden) oder auf ein Blech legen. Die restlichen Sonnenblumenkerne und den Sesam daraufstreuen, etwas andrücken.

4. Im Dörrgerät bei 60 °C 1 Stunde 30 Minuten oder im Backofen bei leicht geöffneter Tür bei 65 °C trocknen. Dann auf 45 °C (Dörrgerät) oder 50 °C (Ofen) reduzieren und ca. 3 Stunden 30 Minuten trocknen. Das Backpapier abziehen, die Cracker wenden und nochmals 7 Stunden ohne Backpapier trocknen lassen.

5. Trocken und luftdicht aufbewahren.

Für 20–25 Stück

150 g Leinsamen
100 g Cashewkerne
100 g Sonnenblumenkerne
1 große Möhre (ca. 150 g)
2 Zwiebeln (ca. 150 g)
1–2 El Curry
1 Tl Kurkumapulver
2 Tl gemahlener Kreuzkümmel
1/2 Tl Salz
60 g Sesam

Zubereitungszeit ca.
25 Minuten (plus Einweichzeit und Trockenzeit)
Pro Stück ca. 99 kcal/413 kJ
4,3 g E, 7,2 g F, 4,2 g KH

DIP-TIPP: Orangensenf, Erdnussdip mit Chilisauce, Auberginendip, Chilisauce

Rosmarin-
SHORTBREAD

Für ca. 24 Stück

1–2 Zweige Rosmarin
100 g Parmesan
150 g Mehl plus etwas zum
Ausrollen
1 Msp. Backpulver
1 Ei (Gr. M)
125 g kalte Butter
1 Tl Salz

Zubereitungszeit ca.
15 Minuten (plus Kühlzeit und
Backzeit)
Pro Stück ca. 79 kcal/332 kJ
2,2 g E, 5,9 g F, 4,6 g KH

1. Die Rosmarinnadeln abzupfen und sehr fein hacken. Den Parmesan fein reiben. Mehl und Backpulver mischen. Käse, Ei, Rosmarin, Butter in Stückchen und Salz zum Mehl geben. Alles glatt verkneten. Zugedeckt ca. 30 Minuten kalt stellen.

2. Den Backofen auf 200 °C Ober-/Unterhitze (Umluft 180 °C) vorheizen. Den Teig auf wenig Mehl zu einem Rechteck von Backblechgröße ausrollen. 8–10 Minuten backen. Das Shortbread 2–3 Minuten abkühlen lassen, dann in ca. 24 längliche Stücke schneiden. Auskühlen lassen, dabei wird das Shortbread fest.

3. Trocken und luftdicht aufbewahren.

 **DIP-TIPP:** Orangensenf, Tomaten-Feta-Basilikum-Dip, Chilisauce

Würzige BROTCHIPS

1. Den Backofen auf 180 °C Ober-/Unterhitze (160 °C Umluft) vorheizen.

2. Das Baguette in etwa 5 mm dünne Scheiben schneiden und auf zwei mit Backpapier belegten Blechen verteilen.

3. Den Knoblauch schälen und durch die Presse drücken. Mit dem Öl und den Gewürzen vermischen. Die Brotscheiben mit einem Backpinsel damit bestreichen.

4. Etwa 10 Minuten backen, bis die Brotränder leicht gebräunt und die Scheiben schön knusprig sind.

5. Trocken und luftdicht aufbewahren.

Für 30–40 Stück

1 kleines schmales Baguette (ca. 250 g)
ca. 80 ml Öl
2 Knoblauchzehen
2 Tl Kurkumapulver
2 Tl gehackte Rosmarinnadeln
1 Prise Salz
1 Prise frisch gemahlener schwarzer Pfeffer

Zubereitungszeit ca. 15 Minuten (plus Backzeit)
Pro Stück ca. 41 kcal/170 kJ
0,7 g E, 2,4 g F, 4 g KH

DIP-TIPP: Knoblauch-Basilikum-Mayo, Tomaten-Feta-Basilikum-Dip, Camembertdip, Auberginendip, Chilisauce

VARIANTE: Die Chips schmecken auch lecker mit Kräuterbutter statt Öl bestrichen: Butter schmelzen, Knoblauchzehe hineinpressen, mit Salz und Pfeffer würzen.

Chili-
GRISSINI

Für ca. 50 Stück

1 Pck. Trockenhefe

1 Tl Zucker

360 g Mehl plus etwas
zum Ausrollen

Salz

100 ml Olivenöl

1 Eiweiß

1 El Chiliflocken plus 1 Tl
zum Bestreichen

Zubereitungszeit ca.
30 Minuten (plus Gehzeit und
Backzeit)

Pro Stück ca. 44 kcal/184 kJ

1 g E, 2 g F, 5,4 g KH

1. Trockenhefe und Zucker in 150 ml lauwarmem Wasser auflösen. Mehl, 1 Tl Salz, 75 ml Öl, Eiweiß und 1 El Chiliflocken in einer Schüssel mischen und die aufgelöste Hefe zugeben. Alles glatt verkneten und zugedeckt an einem warmen Ort etwa 1 Stunde gehen lassen.

2. Den Backofen auf 200 °C Unter-/Oberhitze (180 °C Umluft) vorheizen. Den Teig zu zwei gleich großen Rollen formen. Jede Rolle in 25 Stücke schneiden. Diese auf etwas Mehl erst zu Kugeln, dann zu dünnen Stangen formen.

3. Die Grissini auf 2–3 mit Backpapier belegten Blechen verteilen. Das restliche Öl mit 1 Tl Chiliflocken verrühren und die Grissini damit bestreichen.

4. 15–18 Minuten goldbraun backen und auskühlen lassen.

5. Trocken und luftdicht aufbewahren.

 **DIP-TIPP:** Knoblauch-Basilikum-Mayo, Räucherforellen-Meerrettich-Dip, Tomaten-Feta-Basilikum-Dip, Camembertdip, Erdnussdip mit Frühlingszwiebeln, Auberginendip, Chilisauce, Joghurt-Hummus

Kichererbsen-
CHIPS

1. Den Backofen auf 200 °C Ober-/Unterhitze (180 °C Umluft) vorheizen. Das Kichererbsenmehl mit 100 ml lauwarmem Wasser, Salz
   und Olivenöl mit einem Pürierstab glatt rühren.

2. Die Masse sehr dünn mit einer Palette auf ein mit Backpapier oder
   einer Silikonmatte ausgelegtes Blech aufstreichen. Mit grobem
   Salz, Curry und Sesam bestreuen und ca. 5 Minuten backen. Das
   Blech aus dem Ofen nehmen, den Teig vorsichtig vom Backpapier
   oder der Silikonmatte lösen, umdrehen und ohne Papier oder Matte
   nochmals etwa 3 Minuten backen.

3. Aus dem Ofen nehmen, abkühlen lassen und in kleine Stücke
   brechen.

4. Trocken und luftdicht aufbewahren.

Für 4 Portionen

50 g Kichererbsenmehl
1/2 Tl Salz
1 El Olivenöl
grobes Salz
Curry
Sesam

Zubereitungszeit ca.
15 Minuten (plus Backzeit)
Pro Portion ca. 101 kcal/
423 kJ
3,6 g E, 6,5 g F, 7 g KH

DIP-TIPP: Orangensenf, Knoblauch-Basilikum-
Mayo, Erdnussdip mit Frühlingszwiebeln, Auberginendip, Chilisauce, Joghurt-Hummus

Gedrehte Sesam-Käsestangen

Für ca. 30 Stück

50 g Sesam
2 Eier
125 g Magerquark
4 El Milch
3 El Öl plus etwas für das Blech
1/2 Tl Salz
250 g Mehl plus etwas zum Ausrollen
1 Pck. Backpulver
25 g Emmentaler

Zubereitungszeit ca. 30 Minuten (plus Backzeit)
Pro Stück ca. 65 kcal/270 kJ
2,5 g E, 3,1 g F, 6,7 g KH

1. Sesam in einer Pfanne ohne Fett rösten, bis er zu duften beginnt. Ein Ei trennen und das Eigelb beiseitestellen. Das Eiweiß zusammen mit dem zweiten Ei, Quark, 3 El Milch, Öl und Salz verrühren.

2. Mehl und Backpulver vermischen, in zwei Portionen unter den Quark rühren und zu einem homogenen Teig verkneten. Den Käse reiben und zusammen mit dem Sesam unterkneten.

3. Den Backofen auf 180 °C Unter-/Oberhitze (160 °C Umluft) vorheizen. Den Teig etwa 5 mm dick ausrollen und in ca. 2 cm breite und 10 cm lange Streifen schneiden. Dann die Streifen etwas in sich verdrehen. Das beiseitegestellte Eigelb mit der restlichen Milch verquirlen und die Spiralen damit bestreichen.

4. Auf ein bis zwei mit Backpapier ausgelegten Blechen verteilen und 10–15 Minuten backen.

5. Trocken und luftdicht aufbewahren.

VARIANTE: Legen Sie auf die Hälfte der zurechtgeschnittenen Teigstücke jeweils ein gleich großes Stück Schinken (roh oder gekocht nach Geschmack) oder Salami, dann bedecken Sie diese mit einem zweiten Teigstreifen und drehen Sie sie erst dann zu Spiralen.

DIP-TIPP: Orangensenf, Knoblauch-Basilikum-Mayo, Räucherforellen-Meerrettich-Dip, Tomaten-Feta-Basilikum-Dip, Camembertdip, Auberginendip, Chilisauce, Joghurt-Hummus

Olivenöl-
CRACKER

1. Mehl und Backpulver vermischen und zusammen mit Olivenöl, 110 ml Wasser, Paprikapulver, Salz, Cayennepfeffer und schwarzem Pfeffer zu einem geschmeidigen Teig verkneten. In Frischhaltefolie wickeln und etwa 1 Stunde im Kühlschrank ruhen lassen.

2. Den Backofen auf 200 °C Ober-/Unterhitze (180 °C Umluft) vorheizen, ein Backblech mit Backpapier belegen.

3. Den Teig in ca. 25 walnussgroße Stücke teilen, zu Bällchen formen und diese mit dem Nudelholz ca. 5 mm dick rund ausrollen.

4. Die Teigkreise auf das Blech legen und großzügig mit Olivenöl bepinseln. Mit dem groben Salz bestreuen und 6–8 Minuten backen, bis die Cracker goldbraun und knusprig sind.

5. Auf einem Kuchengitter auskühlen lassen.

 **DIP-TIPP:** Orangensenf, Knoblauch-Basilikum-Mayo, Räucherforellen-Meerrettich-Dip, Tomaten-Feta-Basilikum-Dip, Camembertdip, Erdnussdip mit Frühlingszwiebeln, Auberginendip, Chilisauce, Joghurt-Hummus

Für ca. 25 Stück

250 g Mehl und etwas für die Arbeitsfläche
1 Tl Backpulver
2 El Olivenöl und einiges zum Bestreichen
1 Tl edelsüßes Paprikapulver
1/2 Tl Salz
1/2 Tl Cayennepfeffer
frisch gemahlener schwarzer Pfeffer
grobes Salz zum Bestreuen

Zubereitungszeit ca. 30 Minuten (plus Ruhezeit und Backzeit)
Pro Stück ca. 51 kcal/212 kJ
1 g E, 1,9 g F, 7,3 g KH

Kümmel-Kartoffel-
STICKS

Für ca. 20 Stück

1 Zwiebel

130 g Butter

250 g Mehl plus etwas
für die Arbeitsfläche

2 Tl Backpulver

250 g gekochte und
abgekühlte mehligkochende
Kartoffeln (am besten vom
Vortag)

1 Tl Salz

frisch gemahlener
schwarzer Pfeffer

1 Ei

2 El Kümmel

Zubereitungszeit ca.
25 Minuten (plus Ruhezeit und
Backzeit)

Pro Stück ca. 105 kcal/439 kJ

1,9 g E, 5,8 g F, 11,3 g KH

1. Die Zwiebel schälen und sehr fein würfeln. In einer Pfanne 2 El Butter zerlassen und die Zwiebel darin goldbraun braten. Die Pfanne von der Platte ziehen.

2. Das Mehl mit dem Backpulver mischen. Die Kartoffeln pellen und fein zerdrücken. Mit Mehl, der restlichen Butter, den Zwiebeln, Salz und etwas Pfeffer mischen und zu einem geschmeidigen Teig verkneten. 30 Minuten ruhen lassen.

3. Den Backofen auf 200 °C Ober-/Unterhitze (Umluft 180 °C) vorheizen. Den Teig in 20 gleich große Stücke teilen und daraus auf einer bemehlten Arbeitsfläche etwa 15 cm lange Röllchen rollen. Mit verquirltem Ei bestreichen und mit Kümmel bestreuen. Auf einem mit Backpapier belegten Blech verteilen und ca. 20 Minuten backen, bis die Röllchen goldbraun sind. Leicht auskühlen lassen.

 **DIP-TIPP:** Räucherforellen-Meerrettich-Dip, Tomaten-Feta-Basilikum-Dip, Camembertdip, Auberginendip

Mandel-Schnittlauch-KEKSE

1. Schnittlauch und Butter miteinander verkneten. Mehl, gemahlene Mandeln, Parmesan und Salz in einer Schüssel mischen und die Butter damit verkneten. Eigelbe und 4 El Wasser zugeben und zu einem geschmeidigen Teig verarbeiten.

2. Die Mandeln mit kochendem Wasser übergießen und einige Minuten stehen lassen. Dann die Mandeln aus den Schalen drücken und halbieren.

3. Aus der Teigmasse etwa 30 Bällchen formen. Auf ein bis zwei mit Backpapier belegten Backblechen verteilen und flachdrücken. Den Backofen auf 180 °C Ober-/Unterhitze (160 °C Umluft) vorheizen.

4. In die Mitte jedes Crackers je eine halbe Mandel setzen und im Ofen 15–20 Minuten goldgelb backen.

5. Auf einem Kuchengitter abkühlen lassen.

Für ca. 30 Stück

2 TI Schnittlauchröllchen
60 g Butter
125 g Mehl
40 g gemahlene Mandeln
4 El geriebener Parmesan
2 Eigelb
1/2 TI Salz
ca. 15 ganze Mandeln

Zubereitungszeit ca.
20 Minuten (plus Backzeit)
Pro Stück ca. 57 kcal/237 kJ
1,9 g E, 4,1 g F, 3,2 g KH

DIP-TIPP: Knoblauch-Basilikum-Mayo, Räucherforellen-Meerrettich-Dip, Tomaten-Feta-Basilikum-Dip, Camembertdip, Erdnussdip mit Frühlingszwiebeln, Chilisauce

Wasabi-
ERBSEN

Für ca. 250 g/6 Portionen

125 g getrocknete grüne
Erbsen
2 Tl Tahin (Sesampaste)
2 Tl Senf
3 Tl Wasabipaste (Asialaden)
1 Tl Wasabipulver (Asialaden)
2 Tl Zucker

Zubereitungszeit ca.
30 Minuten (plus Einweichzeit
und Koch- und Backzeit)
Pro Portion ca. 65 kcal/270 kJ
4,1 g E, 1,1 g F, 9,2 g KH

1. Die Erbsen über Nacht (mindestens 12 Stunden) in Wasser einweichen und dann abtropfen lassen. Dann bei schwacher Hitze ca. 1,5 Stunden oder nach Packungsangabe weich kochen.

2. Auf einem mit Backpapier ausgelegten Blech verteilen und bei 100 °C Umluft ca. 20 Minuten im Ofen trocknen. Wenn die Erbsen trocken sind, die Ofentemperatur auf 180 °C Ober-/Unterhitze (150 °C Umluft) erhöhen und die Erbsen 10–15 Minuten nicht zu dunkel rösten.

3. In einer Schüssel Tahin, Senf, Wasabipaste und -pulver sowie Zucker mischen, nach Bedarf noch etwas Wasser zugeben, bis eine pastöse Masse entstanden ist, und zu einem Püree verrühren.

4. Dann die Erbsen hineingeben und sorgfältig verrühren, bis alle von der Masse umhüllt sind.

5. Wieder auf dem mit Backpapier belegten Backblech verteilen und bei 70 °C Umluft ca. 3 Stunden trocknen, bis die Erbsenhülle knackig ist. Trocken und luftdicht aufbewahren.

Gemischte Nüsse
MIT CURRY-PAPRIKA-HÜLLE

1. Die Limettenschale abreiben und den Saft auspressen. Beides mit Zucker, Salz, Pfeffer, Curry, Paprika, Chiliflocken und dem Eiweiß in einer Schüssel gut vermischen.

2. Dann die Nüsse hineingeben und sorgfältig verrühren, bis alle Nüsse von der Masse umhüllt sind.

3. Den Backofen auf 180 °C Ober-/Unterhitze vorheizen (160 °C Umluft). Die Nüsse auf einem mit Backpapier belegten Blech verteilen und 6 Minuten rösten. Dann die Nüsse mit dem Papier herausnehmen, das Backpapier entfernen und die Nüsse ohne Papier weitere 6 Minuten rösten. Trocken und luftdicht aufbewahren.

Für ca. 300 g/6–8 Portionen

1 unbehandelte Limette
1 1/2 El Zucker
1 Tl Salz
1/2 Tl frisch gemahlener schwarzer Pfeffer
2 Tl Curry
1 Tl edelsüßes Paprikapulver
1/2 Tl Chiliflocken
1 Eiweiß
300 g gemischte Nüsse (z. B. Haselnüsse, Cashewkerne, Mandeln, Pekannüsse)

Zubereitungszeit ca. 10 Minuten (plus Backzeit)
Pro Portion ca. 262 kcal/ 1097 kJ
13,2 g E, 20,6 g F, 6,4 g KH

Salzmandeln

Für 200 g/4 Portionen

200 g Mandeln mit Schale
1 Eiweiß
1/2 Tl grobes Meersalz

Zubereitungszeit ca.
5 Minuten (plus Backzeit)
Pro Portion ca. 151 kcal/632 kJ
6,84 g E, 13,3 g F, 1,5 g KH

1. Den Backofen auf 170 °C Ober-/Unterhitze (150 °C Umluft) vorheizen.

2. Die Mandeln auf einem mit Backpapier belegten Backblech verteilen und im Ofen ca. 20 Minuten rösten. Die Mandeln herausholen, aber den Backofen nicht abschalten.

3. Währenddessen das Eiweiß leicht schaumig, aber nicht steif schlagen. Das Salz unterrühren, dann mit den Mandeln vermischen, bis sie gut davon umhüllt sind. Die Mandeln wieder auf dem Backblech verteilen, sodass sie nicht übereinanderliegen. Weitere 5 Minuten rösten.

4. Trocken und luftdicht aufbewahren.

 **TIPP:** Wer es etwas würziger mag, gibt noch Paprikapulver oder Curry dazu oder nimmt statt Salz Kräutersalz.

Geröstete
KICHERERBSEN

1. Den Backofen auf 210 °C Ober-/Unterhitze (190 °C Umluft) vorheizen. Die Kichererbsen abgießen und mit Küchenpapier gut trocken tupfen. Auf einem mit Backpapier belegten Backblech verteilen, sodass sie nicht übereinanderliegen. 30–35 Minuten goldbraun und knusprig backen, dabei ab und zu das Backblech rütteln, damit die Kichererbsen gewendet werden.

2. Die Gewürze mit dem Öl in einer Schüssel mischen. Die Kichererbsen darin wenden und auskühlen lassen. Trocken und luftdicht aufbewahren.

Für ca. 400 g/6–8 Portionen

400 g Kichererbsen (Dose)
Salz
1 Tl Cayennepfeffer
1 Tl gemahlener Kreuzkümmel
1 Tl edelsüßes Paprikapulver
1 Tl durchgedrückter Knoblauch
3 El neutrales Pflanzenöl

Zubereitungszeit ca.
10 Minuten (plus Backzeit)
Pro Portion ca. 128 kcal/536 kJ
4,2 g E, 7,9 g F, 10 g KH

Honig-Senf-
CASHEWS

Für 200 g/4 Portionen

1 El Butter
1–2 El Roh-Rohrzucker
2 El Honig
1 1/2 El Senf
1/4–1/2 Tl Cayennepfeffer
1 Prise Salz
200 g Cashewkerne

Zubereitungszeit ca.
15 Minuten (plus Backzeit)
Pro Portion ca. 371 kcal/1555 kJ
10,6 g E, 26,7 g F, 22,8 g KH

1. Den Backofen auf 180 °C Ober-/Unterhitze (160 °C Umluft) vorheizen.

2. Die Butter und den Zucker zusammen bei schwacher Hitze erhitzen, bis die Butter und ein Großteil des Zuckers geschmolzen ist. Den Topf vom Herd ziehen und Honig, Senf, Cayennepfeffer und Salz unterrühren. Anschließend die Cashewkerne unterheben, bis sie gut von der Masse umhüllt sind.

3. Die Nüsse auf einem mit Backpapier belegten Blech verteilen. Etwa 15 Minuten backen. Trocken und luftdicht aufbewahren.

Indisch gewürzte
KNABBERKERNE

1. Den Backofen auf 180 °C Ober-/Unterhitze (160 °C Umluft) vorheizen. Zucker, Gewürze und Salz miteinander vermischen. Das Eiweiß leicht schaumig, aber nicht steif schlagen. Unter die Gewürzmischung heben, bis sich der Zucker etwas aufgelöst hat.

2. Kürbis- und Sonnenblumenkerne damit vermischen. Auf einem mit Backpapier belegten Blech verteilen und etwa 15 Minuten knusprig rösten, dabei ab und zu das Backblech rütteln, damit die Kerne gewendet werden.

3. Trocken und luftdicht aufbewahren.

Für 200 g/4 Portionen

2 El Roh-Rohrzucker
1 Tl Garam Masala
1 Tl Curry
1/2 Tl Cayennepfeffer
1 Msp. gemahlener Koriander
1/2 Tl Salz
1 Eiweiß
100 g Kürbiskerne
100 g Sonnenblumenkerne

Zubereitungszeit ca.
15 Minuten (plus Backzeit)
Pro Portion ca. 295 kcal/1232 kJ
16,2 g E, 18,1 g F, 16,7 g KH

Heidelbeer-Vanille-
FRUCHTLEDER

Für 1 Blech/4 Portionen

200 g Heidelbeeren
(frisch oder TK)
3 El Vanillesirup

Zubereitungszeit ca.
15 Minuten (plus Trockenzeit)
Pro Portion ca. 49 kcal/206 kJ
0 g E, 0 g F, 10,5 g KH

1. TK-Heidelbeeren auftauen lassen, frische Heidelbeeren waschen und trocken tupfen. Zusammen mit dem Sirup fein pürieren.

2. Den Backofen auf 65 °C Umluft vorheizen. Ein Backblech mit einer Silikon-Backmatte oder Backpapier belegen und das Püree ganz gleichmäßig darauf 1–2 mm dick verstreichen. Im Backofen 4–5 Stunden trocknen lassen, nach 30 Minuten auf 50 °C reduzieren.

3. Oder die Masse auf Silikonmatten für das Dörrgerät verteilen und im Dörrgerät etwa 4 Stunden trocknen, davon die ersten 30 Minuten bei 60 °C, den Rest der Zeit bei 42 °C.

4. Nach der Hälfte der Zeit die Masse vom Backpapier bzw. der Matte lösen, umdrehen und ohne Papier oder Matte fertig trocknen lassen. Dann in Streifen oder andere beliebige Formen schneiden.

5. Trocken und luftdicht aufbewahren.

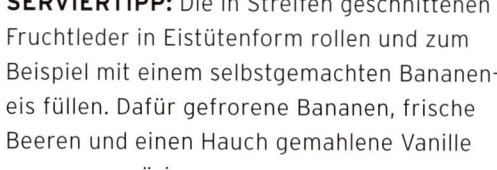

SERVIERTIPP: Die in Streifen geschnittenen Fruchtleder in Eistütenform rollen und zum Beispiel mit einem selbstgemachten Bananeneis füllen. Dafür gefrorene Bananen, frische Beeren und einen Hauch gemahlene Vanille zusammen pürieren.

TIPP: Wer keinen Vanillesirup zur Hand hat, nimmt 1/2 Tl gemahlene Vanille und 2 Tl Zucker oder 1 Päckchen Vanillezucker.

Gestreiftes Waldbeeren-

FRUCHTLEDER

1. TK-Waldbeeren auftauen lassen, frische Beeren waschen und trocken tupfen. Die Bananen schälen. Eine Banane mit den Waldbeeren und 1 El Mandelmus pürieren, die zweite Banane mit dem restlichen Mandelmus pürieren.

2. Den Backofen auf 65 °C Umluft vorheizen. Ein Backblech mit einer Silikon-Backmatte oder Backpapier belegen und das Waldbeerenpüree ganz gleichmäßig darauf 1–2 mm dick verstreichen. Nun mithilfe einer Dekorierflasche mit dem hellen Bananenpüree gleichmäßige Streifen auf die dunkle Masse auftragen. Im Backofen 4–5 Stunden trocknen lassen, nach 30 Minuten auf 50 °C reduzieren.

3. Oder die Masse auf Silikonmatten für das Dörrgerät verteilen und im Dörrgerät etwa 4 Stunden trocknen, davon die ersten 30 Minuten bei 60 °C, den Rest der Zeit bei 42 °C.

4. Nach der Hälfte der Zeit die Masse vom Backpapier bzw. der Matte lösen, umdrehen und ohne Papier oder Matte fertig trocknen lassen. Dann in Streifen oder andere beliebige Formen schneiden.

5. Trocken und luftdicht aufbewahren.

Für 1 Blech/4 Portionen

250 g gemischte Waldbeeren (Erdbeeren, Heidelbeeren, Himbeeren; frisch oder TK)
2 kleine reife Bananen (ca. 200 g)
2 El Mandelmus

Zubereitungszeit ca. 20 Minuten (plus Trockzeit)
Pro Portion ca. 109 kcal/457 kJ
2,9 g E, 4,3 g F, 13,9 g KH

Bananen-Dattel-
FRUCHTLEDER

Für 1 Blech/4 Portionen

2 Bananen (ca. 250 g)
2 entsteinte getrocknete
Datteln
1/4 TI Zimt
1/4 TI gemahlene Vanille

Zubereitungszeit ca.
15 Minuten (plus Trockenzeit)
Pro Portion ca. 77 kcal/322 kJ
0,9 g E, 0 g F, 17,4 g KH

1. Die Bananen schälen, in grobe Stücke brechen und zusammen mit den Datteln und dem Zimt pürieren.

2. Den Backofen auf 65 °C Umluft vorheizen. Ein Backblech mit einer Silikon-Backmatte oder Backpapier belegen und das Püree ganz gleichmäßig darauf 1–2 mm dick verstreichen. Im Backofen 4–5 Stunden trocknen lassen, nach 30 Minuten auf 50 °C reduzieren.

3. Oder die Masse auf Silikonmatten für das Dörrgerät verteilen und im Dörrgerät etwa 4 Stunden trocknen, davon die ersten 30 Minuten bei 60 °C, den Rest der Zeit bei 42 °C.

4. Nach der Hälfte der Zeit die Masse vom Backpapier bzw. der Matte lösen, umdrehen und ohne Papier oder Matte fertig trocknen lassen. Dann in Streifen oder andere beliebige Formen schneiden.

5. Trocken und luftdicht aufbewahren.

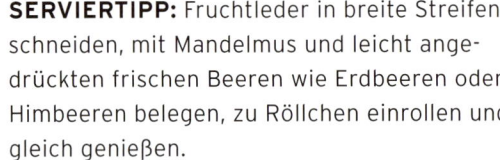

SERVIERTIPP: Fruchtleder in breite Streifen schneiden, mit Mandelmus und leicht angedrückten frischen Beeren wie Erdbeeren oder Himbeeren belegen, zu Röllchen einrollen und gleich genießen.

Saure Apfel-Himbeer-Zungen

1. Die Banane schälen. Die Äpfel ebenfalls schälen, vierteln, die Kerngehäuse entfernen, das Fruchtfleisch grob zerkleinern und mit einer halben Banane, einem Spritzer Zitronensaft und 1 El Zucker pürieren. Die Himbeeren mit der anderen Bananenhälfte, ebenfalls einem Spritzer Zitronensaft und 1 El Zucker pürieren.

2. Den Backofen auf 65 °C Umluft vorheizen. Zwei Backbleche mit Silikon-Backmatten oder Backpapier belegen und beide Massen ganz gleichmäßig darauf 1–2 mm dick verstreichen, sodass ein marmorierter Effekt entsteht. Im Backofen 4–5 Stunden trocknen lassen, nach 30 Minuten auf 50 °C reduzieren. Oder die Masse auf Silikonmatten für das Dörrgerät verteilen und im Dörrgerät etwa 4 Stunden trocknen, davon die ersten 30 Minuten bei 60 °C, den Rest der Zeit bei 42 °C. Nach der Hälfte der Zeit die Masse vom Backpapier bzw. der Matte lösen, umdrehen und ohne Papier oder Matte fertig trocknen lassen. Dann in Zungenform schneiden.

3. Den restlichen Zucker mit der Zitronensäure mischen. Die Zungen mit dem Saft von 1/2 Zitrone beidseitig bepinseln. Dann in der Zucker-Zitronensäure-Mischung wenden, bis die Zungen gut umhüllt sind. Nun die Zungen nochmals im Ofen oder dem Dörrgerät kurz trocknen, bis die Zuckermischung gut haftet. Trocken und luftdicht aufbewahren.

Für 2 Bleche/8 Portionen

1 Banane (ca. 125 g)
1 kg säuerliche Äpfel
300 g TK-Himbeeren
Saft von 1 Zitrone
ca. 75 g Zucker oder mehr
1 Pck. Zitronensäure

Zubereitungszeit ca.
40 Minuten (plus Trockenzeit)
Pro Portion ca. 140 kcal/587 kJ
1,1 g E, 0 g F, 32,1 g KH

TIPP: Die Mischung aus Zitronensäure und Zucker wird schnell zu sauer, deshalb mehr Zucker als Zitronensäure verwenden und die Mischung vor der Verwendung kosten.

Orangensenf

Für ca. 300 g/6–8 Portionen

100 g Senfkörner
100 g getrocknete Feigen
4 El flüssiger Honig
250 ml frisch gepresster Orangensaft
4 El Weißweinessig
1 1/2 Tl Salz
2 Tl Curry

Zubereitungszeit ca. 15 Minuten
Pro Portion ca. 92 kcal/385 kJ
1,7 g E, 0,8 g F, 18,3 g KH

1. Die Senfkörner im Mixer oder im Mörser fein mahlen. Die Feigen sehr fein würfeln. Beides mit Honig, Orangensaft, Essig, Salz und Curry verrühren und servieren.

2. Hält sich im Kühlschrank 2–3 Wochen.

DIP-TIPP: Passt zu Rosmarin-Shortbread, Süßkartoffel- und Pastinakenchips, Sauerkrautcrackern, Walnuss-Lauch-Crackern mit Aprikosen, Möhren-Sesam-Crackern indisch, Rosmarin-Shortbread, Kichererbsenchips, Gedrehten Sesam-Käsestangen, Olivenölcrackern.

Knoblauch-Basilikum-MAYO

1. Die Knoblauchzehen schälen und durch die Presse drücken. Das Öl in einer Pfanne erhitzen und den Knoblauch darin bei mittlerer Hitze hellbraun anbraten. Nicht zu dunkel werden lassen, er wird sonst bitter.

2. Die Basilikumblätter von den Stängeln zupfen, waschen, trocken schütteln und in feine Streifen schneiden.

3. Die Mayonnaise in einer Schüssel mit Knoblauch und dem restlichen Öl aus der Pfanne, Basilikum und Zitronensaft mischen. Mit Salz und Pfeffer abschmecken und servieren.

4. Hält sich im Kühlschrank etwa 1 Woche.

 **DIP-TIPP:** Passt zu Süßkartoffel- und Pastinakenchips, Kartoffelchips mit einem Hauch von Orient, Sauerkrautcrackern, Walnuss-Lauch-Crackern mit Aprikosen, Walnuss-Tomaten-Oliven-Crackern, Würzigen Brotchips, Kichererbsenchips, Chili-Grissini, Gedrehten Sesam-Käsestangen, Olivenölcrackern, Mandel-Schnittlauch-Keksen.

Für ca. 200 g/6–8 Portionen

3–4 Knoblauchzehen
3 El Olivenöl
1/2 Bund Basilikum
200 g Salatmayonnaise
1/2 Tl frisch gepresster Zitronensaft
Salz
frisch gemahlener schwarzer Pfeffer

Zubereitungszeit ca. 10 Minuten
Pro Portion ca. 274 kcal/ 1150 kJ
0,5 g E, 30,4 g F, 0,7 g KH

Räucherforellen-
MEERRETTICH-DIP

Für ca. 350 g/6–8 Portionen

200 g Frischkäse
100 g Räucherforellenfilet
2 El Sahnemeerrettich
1 El Senf
Salz
frisch gemahlener
weißer Pfeffer
1 Tl Zitronensaft
1/2 Kästchen Kresse

Zubereitungszeit ca.
30 Minuten
Pro Portion ca. 116 kcal/
484 kJ
6,4 g E, 9,7 g F, 1 g KH

1. Den Frischkäse mit dem Handrührgerät cremig rühren. Die Räucherforellenfilets von eventuellen Gräten befreien und in kleine Stücke zupfen. Mit Sahnemeerrettich, Senf, Salz und Pfeffer unter den Frischkäse heben. Den Zitronensaft unterrühren.

2. Die Kresse abschneiden und kurz vor dem Servieren unter die Frischkäsemischung heben.

3. Hält sich im Kühlschrank 3–4 Tage.

 **DIP-TIPP:** Passt zu Süßkartoffel- und Pastinakenchips, Tortillachips, Sauerkrautcrackern, Walnuss-Lauch-Crackern mit Aprikosen, Walnuss-Tomaten-Oliven-Crackern, Chili-Grissini, Gedrehten Sesam-Käsestangen, Olivenölcrackern, Kümmel-Kartoffel-Sticks, Mandel-Schnittlauch-Keksen.

Camembert-
DIP

1. Den Camembert klein schneiden. Die Zwiebel schälen und fein würfeln. Beides mit der Butter und der sauren Sahne mit den Knethaken des Handrührgerätes verkneten. Die getrockneten Tomaten in Streifen schneiden und unter die Creme rühren. Mit Salz, Paprika und Cayennepfeffer abschmecken und servieren.

2. Hält sich im Kühlschrank etwa 1 Woche.

DIP-TIPP: Passt zu Süßkartoffel- und Pastinakenchips, Walnuss-Lauch-Crackern mit Aprikosen, Walnuss-Tomaten-Oliven-Crackern, Würzigen Brotchips, Chili-Grissini, Gedrehten Sesam-Käsestangen, Olivenölcrackern, Kümmel-Kartoffel-Sticks, Mandel-Schnittlauch-Keksen.

Für ca. 500 g/6–8 Portionen

250 g weicher Camembert
1 kleine Zwiebel
5 El weiche Butter
150 g saure Sahne
50 g sonnengetrocknete Tomaten
Salz
edelsüßes Paprikapulver
1 Prise Cayennepfeffer

Zubereitungszeit ca.
10 Minuten
Pro Portion ca. 244 kcal/
1021 kJ
10,2 g E, 20,4 g F, 4,8 g KH

Auberginendip

1. Den Backofen auf 180 °C Ober-/Unterhitze (160 °C Umluft) vorheizen. Mit der Gabel oder einem Zahnstocher kleine Löcher in die Aubergine stechen. Die Aubergine zusammen mit den ungeschälten Knoblauchzehen auf einem mit Backpapier belegten Backblech 30–45 Minuten backen, bis sie weich und leicht zusammengefallen ist.

2. Dann Aubergine und Knoblauch vollständig abkühlen lassen, die Haut von der Aubergine abziehen und den Knoblauch aus den Schalen drücken. Beides zusammen mit der Sesampaste und dem Zitronensaft pürieren. Mit Salz und Kreuzkümmel abschmecken und 24 Stunden ruhen lassen. Die Korianderblättchen hacken, darüberstreuen und servieren.

3. Hält sich im Kühlschrank etwa 1 Woche.

 **DIP-TIPP:** Passt zu Tortillachips, Möhren-Sesam-Crackern indisch, Würzigen Brotchips, Kichererbsenchips, Chili-Grissini, Gedrehten Sesam-Käsestangen, Olivenölcrackern, Kümmel-Kartoffel-Sticks.

Für ca. 250 g/4–6 Portionen

1 mittelgroße Aubergine
2 Knoblauchzehen
2 El Tahin (Sesampaste)
2 El frisch gepresster Zitronensaft
Salz
1 Prise Kreuzkümmel
einige Stängel Koriander

Zubereitungszeit ca. 10 Minuten (plus Backzeit und Ruhezeit)
Pro Portion ca. 46 kcal/191 kJ
1,8 g E, 3 g F, 2,9 g KH

Tomaten-Feta-
BASILIKUM-DIP

1. Die Tomate waschen und fein schneiden. Die Basilikum-blättchen waschen, trocken schütteln und in Streifen schneiden, den Knoblauch schälen und durch die Presse drücken. Tomaten, Basilikum, Knoblauch, Toma-tenmark und Feta miteinander pürieren, nach Bedarf mit Salz (Feta ist meist recht salzig und der Dip braucht kein zusätzliches Salz) abschmecken und servieren.

2. Hält sich im Kühlschrank 3–4 Tage.

DIP-TIPP: Passt zu Kartoffelchips mit einem Hauch von Orient, Sauerkrautcrackern, Walnuss-Lauch-Crackern mit Aprikosen, Walnuss-Tomaten-Oliven-Crackern, Rosmarin-Shortbread, Würzigen Brotchips, Chili-Grissini, Gedrehten Sesam-Käsestangen, Olivenölcra-ckern, Kümmel-Kartoffel-Sticks, Mandel-Schnitt-lauch-Keksen.

Für ca. 200 g/4–6 Portionen

1 Tomate (ca. 100 g)
3–4 Stängel Basilikum
1 Knoblauchzehe
1 TI Tomatenmark
100 g Feta
evtl. Salz

Zubereitungszeit ca.
10 Minuten
Pro Portion ca. 61 kcal/254 kJ
3,4 g E, 4,9 g F, 0,7 g KH

Chilisauce

Für ca. 200 g/6–8 Portionen

1 rote Paprikaschote
3–4 getrocknete rote Chilischoten
1 große Zwiebel
2 Knoblauchzehen
4 Tl Olivenöl
4 Tl Weißweinessig
2 Msp. Oregano
2 Msp. gemahlener Kreuzkümmel
2 Msp. brauner Rohrzucker
Salz

Zubereitungszeit ca.
20 Minuten
Pro Portion ca. 42 kcal/174 kJ
0,6 g E, 3 g F, 2,8 g KH

1. Paprika und Chilischoten waschen, Kerne und Scheidewände sowie Stielansätze entfernen. Paprika in Würfel schneiden, Chilischoten sehr fein hacken. Zwiebel und Knoblauch schälen und fein würfeln. Das Öl in einem kleinen Topf erhitzen und Paprika, Chili, Zwiebeln und Knoblauch darin etwa 10 Minuten dünsten, dann pürieren. Mit Essig, Oregano, Kreuzkümmel, Zucker und Salz würzen.

 **DIP-TIPP:** Passt zu Tortillachips, Kartoffelchips mit einem Hauch von Orient, Sauerkrautcrackern, Möhren-Sesam-Crackern indisch, Rosmarin-Shortbread, Würzige Brotchips, Kichererbsenchips, Chili-Grissini, Gedrehten Sesam-Käsestangen, Olivenölcrackern, Mandel-Schnittlauch-Keksen. Hält sich im Kühlschrank 2–3 Wochen.

Joghurt-Hummus

1. Die Kichererbsen abspülen und abtropfen lassen. Den Knoblauch schälen und durch die Presse drücken. Kichererbsen, Knoblauch, Tahin, Limettensaft und Joghurt miteinander pürieren. Mit Salz und Pfeffer abschmecken. Hummus mit Sesam bestreuen und servieren.

2. Hält sich im Kühlschrank mit Olivenöl bedeckt 2–3 Tage.

Für 600 g/6–8 Portionen

240 g Kichererbsen (Dose)
1 Knoblauchzehe
150 g Tahin (Sesampaste)
2–3 El frisch gepresster Limettensaft
200 g Joghurt
Salz
frisch gemahlener schwarzer Pfeffer
1 Tl Sesam

Zubereitungszeit ca. 15 Minuten
Pro Portion ca. 192 kcal/ 804 kJ
7,6 g E, 12,6 g F, 12 g KH

DIP-TIPP: Passt zu Kichererbsenchips, Chili-Grissini, Gedrehten Sesam-Käsestangen, Olivenölcrackern.

Erdnussdip
MIT FRÜHLINGSZWIEBELN

Für ca. 250 g/4–6 Portionen

150 g Crème fraîche
75 g Erdnussbutter
2 Frühlingszwiebeln
Salz
Sambal Oelek
1–2 Tl frisch gepresster
Limettensaft
1 El ungesalzene und
ungeröstete Erdnüsse

Zubereitungszeit ca.
10 Minuten
Pro Portion
ca. 133 kcal/976 kJ
6 g E, 21,6 g F, 4,2 g KH

1. Crème fraîche und Erdnussbutter miteinander in einem Schälchen verrühren. Die Frühlingszwiebeln putzen, waschen, sehr fein schneiden und damit vermengen. Mit Salz, Sambal Oelek und Limettensaft abschmecken. Die Erdnusskerne hacken, darüberstreuen und servieren.

2. Hält sich im Kühlschrank etwa 1 Woche.

DIP-TIPP: Passt zu Möhren-Sesam-Crackern indisch, Süßkartoffel- und Pastinakenchips, Kichererbsenchips, Chili-Grissini, Olivenöl-crackern, Mandel-Schnittlauch-Keksen.

Rezeptverzeichnis

Bildnachweis

Fotolia.com: S. 6 © zaziedanslacuisine, S. 7 © Daorson, S. 15 © Natalia Klenova.

Alle übrigen Fotos: TLC Fotostudio

Illustrationen: Fotolia.com: © Kreativ (Chips), © s_lena (Pfannenwender), © raven (Dip-Schale)